INTRODUCCIÓN A

LA BIBLIA

Catherine Upchurch

Traducido por
Olimpia Díaz

ESTUDIO BÍBLICO DE LITTLE ROCK

*Un ministerio de la Diócesis de Little Rock
en asociación con Liturgical Press*

DIÓCESIS DE LITTLE ROCK

2500 North Tyler Street – P.O. Box 7239 – Little Rock, Arkansas 72217 – (501) 664-0340 – Fax (501) 664-6304

Office of the Bishop

Queridos amigos y amigas en Cristo:

La Biblia nos llega como un don y como una oportunidad. Es un don de Dios que nos ama tanto que desea comunicarse con nosotros. La única manera de gozar ese don es abrirlo y saborearlo. La Biblia es también una oportunidad para realmente encontrarse con Dios que está presente en las historias, enseñanzas, personajes, y oraciones que llenan sus páginas.

Les animo a abrir su Biblia con la anticipación de que Dios hará algo bueno en sus vidas. Les animo a aprovecharse de la oportunidad para encontrarse con Dios en la oración, el estudio, y el diálogo en grupos pequeños.

El Estudio Bíblico de Little Rock ofrece materiales que son sencillos de usar y un método que ha tenido mucho éxito por bastante tiempo. Las preguntas en esta guía de estudio guiarán su estudio, les ayudarán a comprender los pasajes que están leyendo, y les enseñarán a relacionar la Biblia con sus propias experiencias vividas.

Dejen que la Palabra de Dios les forme como discípulos del Señor Jesús. Acepten el desafío:"transfórmense por la renovación de su mente" (Romanos 12,2). Sobre todo, reciban la Palabra de Dios como su don, y vivan según ella.

Sinceramente en Cristo,

✠ J. Peter Sartain
Obispo de Little Rock

Las Sagradas Escrituras

"La Iglesia siempre ha venerado la Sagrada Escritura, como lo ha hecho con el Cuerpo de Cristo, pues sobre todo en la sagrada liturgia, nunca ha cesado de tomar y repartir a sus fieles el pan de vida que ofrece la mesa de la palabra de Dios y del Cuerpo de Cristo. La iglesia ha considerado siempre como suprema norma de su fe la Escritura unida a la Tradición, ya que, inspirada por Dios y escrita de una vez para siempre, nos transmite inmutablemente la palabra del mismo Dios; y en las palabras de los Apóstoles y los Profetas hace resonar la voz del Espíritu Santo. Por tanto, toda la predicación de la Iglesia, como toda la religión cristiana, se ha de alimentar y regir con la Sagrada Escritura. En los Libros sagrados, el Padre, que está en el cielo, sale amorosamente al encuentro de sus hijos para conversar con ellos. Y es tan grande el poder y la fuerza de la palabra de Dios, que constituye sustento y vigor de la Iglesia, firmeza de fe para sus hijos, alimento del alma, fuente límpida y perenne de vida espiritual".

Concilio Vaticano Segundo, Constitución Dogmática sobre la divina revelación, 21.

INTERPRETACION DE LA SAGRADA ESCRITURA

"Dios habla en la Escritura por medio de hombres y en lenguaje humano, por lo tanto, el intérprete de la Escritura, para conocer lo que Dios quiso comunicarnos, debe estudiar con atención lo que los autores querían decir y Dios quería dar a conocer con dichas palabras.

"Para descubrir la intención del autor, hay que tener en cuenta, entre otras cosas, los *géneros literarios*. Pues la verdad se presenta y se enuncia de modo diverso en obras de diversa índole histórica, en libros proféticos o poéticos, o en otros géneros literarios. El intérprete indagará lo que el autor sagrado dice e intenta decir, según su tiempo y cultura, por medio de los géneros literarios propios de su época. Para comprender exactamente lo que el autor propone en sus escritos, hay que tener muy en cuenta los modos de pensar, de expresarse, de

narrar que se usaban en tiempo del escritor, y también las expresiones que entonces más se solían emplear en la conversación ordinaria".
Concilio Vaticano Segundo, Constitución Dogmática sobre la divina revelación, 12.

Instrucciones

MATERIALES PARA EL ESTUDIO

Esta Guía de Estudio: Introducción a la Biblia.

Biblia: Se recomienda La Biblia Latinoamérica o la Biblia de Jerusalén. Las ediciones parafraseadas no se recomiendan porque ofrecen poca o nada de ayuda cuando se tienen preguntas textuales difíciles. Escoge una Biblia en la que te sientas con libertad de escribir en ella o subrayarla.

Comentario: Se usa con este estudio *Introducción a la Biblia* por Stephen J. Binz (Liturgical Press). Las páginas asignadas se encuentran al principio de cada lección.

MATERIALES ADICIONALES

Cuaderno: Un cuaderno de notas pudiera ser útil para tomar apuntes de las conferencias y de las propias reflexiones.

LECCIONES SEMANALES

Lección 1— Introducción a la Biblia, pp. 1–14 ✓
Lección 2— Introducción a la Biblia, pp. 15–29 6\27
Lección 3— Introducción a la Biblia, pp. 30–45
Lección 4— Introducción a la Biblia, pp. 46–62
Lección 5— Introducción a la Biblia, pp. 63–78
Lección 6— Introducción a la Biblia, pp. 79–94

TU ESTUDIO PERSONAL DIARIO

El primer paso es la oración. Abre tu corazón y tu mente a Dios. El leer las Escrituras te da la oportunidad para escuchar al Dios que te ama. Reza para que el mismo Espíritu que guió la formación de la Escrituras te inspire para entender bien lo que lees y te dé fuerza para que aquello que lees se convierta en parte de tu vida.

El paso siguiente es compromiso. El alimento espiritual diario es tan necesario como el alimento del cuerpo. Este estudio está dividido en unidades para cada día. Asigna una hora regular para tu estudio y un lugar que esté lo más libre posible de distracciones. Dedica unos veinte minutos diarios. Considera este tiempo como tu cita diaria con Dios.

Al empezar cada lección lee los capítulos de la Escritura que se te asignaron. Los encontraras al principio de cada lección. Lee las notas que la Biblia tiene al pie de la página y luego las páginas del comentario que se te indiquen. Esta preparación te dará una visión global de toda la lección y podrás apreciar el contexto de cada pasaje.

Al reflexionar sobre la Escritura, hazte estas cuatro preguntas:

1. *¿Qué dice este pasaje de la Escritura?*
   Lee lenta y reflexivamente el pasaje. Deja volar tu imaginación para reproducir la escena o tratar de ser parte en ella.

2. *¿Qué significa este pasaje de la Escritura?*
   Lee las notas al pie de la página y el comentario para que te ayuden a comprender la intención de los escritores sagrados y lo que Dios quiso comunicar a través de sus palabras.

3. *¿Qué significa para mí este pasaje de la Escritura?*
   Medita sobre este pasaje. La Palabra de Dios es viva y poderosa. ¿Qué te dice Dios este día? ¿Cómo se aplica este pasaje a la Escritura a tu vida de hoy?

4. *¿Qué voy a hacer yo respecto a esto?*
   Trata de descubrir cómo Dios en este pasaje te ofrece un reto. El encuentro con Dios contiene un reto para poder conocer la voluntad de Dios para poderla seguir cada vez más fielmente en tu vida diaria.

PREGUNTAS ASIGNADAS PARA CADA DÍA

Lee las preguntas y referencias que se te asignan para cada día. Las preguntas fueron escogidas para ayudarte a escuchar la Palabra de Dios y para que te prepares para la discusión semanal en grupos pequeños.

Unas preguntas se pueden responder breve y objetivamente haciendo referencia a las citas bíblicas y al comentario (*¿Qué dice este pasaje?*). Otras te ayudarán a entender mejor cómo las Escrituras se aplican a la Iglesia, a los sacramentos, y a la sociedad (*¿Qué significa el pasaje?*). Otras preguntas te invitarán a considerar cómo la Palabra de Dios se convierte en reto para ti, o te afirma en tu relación con Dios y con los demás (*¿Qué significa este pasaje para mí?*). Finalmente, las preguntas te motivarán a examinar tu comportamiento a la luz de las Escrituras (*¿Qué voy a hacer yo al respecto?*).

Escribe tus respuestas en esta guía de estudio o en tu cuaderno para que te ayuden a tener claros y organizados tus pensamientos y tus sentimientos.

 ## LA REUNION SEMANAL EN GRUPOS PEQUEÑOS

El compartir semanalmente en los grupos es el corazón del programa de Estudio Bíblico de Little Rock. Los participantes se reúnen en grupos pequeños para compartir los resultados de su oración, de sus lecturas, y de su reflexión sobre las Escrituras y sobre las preguntas asignadas. La meta del diálogo es que los miembros del grupo se fortalezcan y se nutran individualmente y como comunidad a través de compartir cómo la Palabra de Dios les habla y tiene efecto en sus vidas. Las preguntas diarias del estudio guiarán la discusión; no es necesario hablar sobre todas las preguntas.

Todos los miembros comparten la responsabilidad de crear un ambiente de apoyo cariñoso y de confianza en el grupo, respetando las opiniones y experiencias de los demás, y afirmando y animándose unos a otros. La simple oración compartida que da inicio y termina la reunión de cada grupo también ayuda a crear un ambiente de apertura y de confianza en el que los miembros del grupo pueden compartir más profundamente y crecer en el estudio de la Palabra de Dios.

Una característica que distingue a este programa es la importancia y la seguridad de que la presencia de Dios está trabajando en cada miembro y a través de cada uno. Las respuestas compartidas sobre la presencia de Dios en su Palabra y en los demás pueden producir un notable crecimiento y transformación.

CONFERENCIA FINAL

La conferencia se propone desarrollar y aclarar los temas de la lección. No trata de formar la base para el diálogo grupal. Por esta razón la conferencia se tiene al final de la reunión. Si varios grupos se reúnen al mismo tiempo, el grupo total se reunirá en un lugar central para escuchar la conferencia.

CÓMO ENCONTRAR LOS PASAJES DE LAS ESCRITURAS:

a. Las abreviaturas para los libros de la Biblia se pueden encontrar en la página anterior a la cubierta al final de esta Guía de estudio.

   Por ejemplo, Gén se refiere al libro del Génesis.

b. Si no pueden encontrar el libro del Génesis u otra referencia, asegúrense de buscar el número de la página en las páginas de la introducción de la Biblia que están usando. Muchas Biblias tienen una lista de los libros en orden alfabético para que sea más fácil encontrar cada libro.

c. Los números en una referencia bíblica identifican un capítulo y un versículo específico. El número antes de la coma indica el capítulo y los números después de la coma identifican los versículos.

   Por ejemplo, Gén 1,27-28 indica que deben encontrar el libro del Génesis, capítulo uno, versículos 27 al 28.

d. Cuando se mencionan varios versículos en el mismo capítulo, se indica de la manera que sigue: Gén 1,27-28 y 31. Esto indica que todavía están en el mismo libro y capítulo, pero que deben mirar el versículo 31 al igual que los versículos 27-28.

e. Algunas veces se les va a pedir que encuentren referencias en más de un capítulo del mismo libro, como en el ejemplo siguiente. Fíjense que el punto y coma separa los dos lugares cuando están en capítulos diferentes.

   Gén 1,27-28; 2,18-19 indica que deben encontrar el libro del Génesis, leer el capítulo 1, versículos 27-28 y el capítulo 2, versículos 18-19.

f. Por ultimo, de vez en cuando van a tener que leer pasajes de varios libros de la Biblia. De nuevo, el punto y coma separan las referencias como en el ejemplo siguiente:

Gén 1,31; 1 Tim 4,4

Génesis   capítulo 1   versículo 31 ; 1 Timoteo   capítulo 4   versículo 4

No dejen de pedir ayuda cuando la necesiten. La persona que facilita o modera el grupo u otras personas en el grupo que están más familiarizadas con la Biblia pueden ayudarlos mucho.

La Biblia como la revelación de Dios
La Palabra de Dios en la vida cristiana

INTRODUCCIÓN A LA BIBLIA, PÁGINAS 1–14

Día 1

1. En esta época en tu vida, ¿cuán familiarizado/a estás con la Biblia?

2. ¿Quién te ha ayudado a aumentar el deseo que sientes por estudiar la Biblia?

3. ¿Qué efectos va a tener el estudio de la Biblia en ti?

Día 2

4. a) ¿Cómo has cobrado conciencia de la presencia de Dios en nuestro mundo y en tu propia vida? Enumera varios ejemplos que ilustran que Dios es una persona real y activa.

   b) ¿Cómo te han ayudado estas experiencias cotidianas a reconocer a Dios en el don extraordinario del Hijo de Dios?

5. ¿Cuál es el propósito principal de la revelación personal de Dios en nuestro mundo? (Ver Ex 19,4-5; 1 Pe 2,9-10.)

6. Analiza algunas de las historias en las cuales Dios establece una alianza con su pueblo y fíjate en las cosas que todas comparten: Gén 9,1-17; 12,1-5; 15,1-6; 26,1-5; 28,10-22; 2 Sam 7,8-17.

Día 3

7. ¿Por qué piensas que las imágenes simbólicas son una manera efectiva de describir la relación que Dios tiene con la humanidad? (Ver Sal 91,1-4; Is 62,5; Jer 31,9-10; Os 11,1-4; Jn 10,14-15.)

8. ¿Por qué nosotros los cristianos honramos el Antiguo y el Nuevo Testamento como la palabra inspirada de Dios?

9. Repasa la sección "los obstáculos cuando se lee la Biblia" en las páginas 5–6 del libro. ¿Cuáles de estas dudas has tenido? ¿Estás convencido/a de que la Biblia contiene un mensaje para nuestro mundo hoy día?

Día 4

10. Lee la oración antigua de Israel (el *Shema*) en Deuteronomio 6,4-5. Después lee las instrucciones en Deuteronomio 6,6-9 que explican cómo debes respetar estas palabras. Lee también el pasaje del Concilio Vaticano Segundo que están en la página 8 del libro. ¿Qué podemos aprender acerca de cómo debemos venerar la palabra de Dios que recibimos en las Escrituras?

11. Considera la experiencia de tu participación en la liturgia del domingo en tu parroquia. ¿Con qué gestos se nos recuerda que Dios está presente en las palabras de las Escrituras?

12. ¿Qué has hecho para que la lectura de la Biblia se convierta en parte de tu rutina diaria?

Día 5

13. La Biblia habla acerca de los efectos poderosos de la Palabra de Dios.

    a) ¿Cómo describe el Antiguo Testamento la Palabra de Dios? (Ver Sal 107,19-20; 119,105; Is 40,8; 55,10-11; Jer 23,29.)

    b) ¿Cómo describe el Nuevo Testamento la Palabra de Dios? (Ver Jn 8,31-32; Rom 10,17; Heb 4,12; Stgo 1,22-25.)

    c) ¿Hicieron algunos de estos pasajes que reflexionaras más porque has experimentado la Palabra de esta manera o porque no lo has hecho?

14. ¿Cómo ha demostrado la Palabra de Dios su poder en tu vida? Quizás puedes identificar una imagen de las Escrituras que te ha ayudado o puedes crear tu propia imagen para ayudar a describir este poder.

Día 6

15. A menudo Jesús enseñó usando parábolas. Lee la parábola que está en Marcos 4,1-9. 13-20 e imagina que eres la tierra que recibe la semilla.

    a) ¿Cuáles son algunas de las condiciones que pueden hacer que no recibas la semilla de la Palabra de Dios?

    b) ¿Cómo puedes ayudar a que la tierra de tu vida sea receptiva a la semilla de la Palabra de Dios?

16. ¿Cómo puede el Espíritu Santo ayudarnos en nuestro estudio de las Escrituras? (Ver Jn 16,13.)

La selección de una Biblia hoy día
Explorando tu Biblia

INTRODUCCIÓN A LA BIBLIA, PÁGINAS 15–29

Día I

1. ¿Tienes algunas ideas nuevas de la semana pasada?

2. Antes de que se inventara la prensa y otras maneras modernas de hacer la Biblia más accesible, ¿cómo conocieron las personas las historias de la Biblia?

3. ¿Cómo se escribieron las historias de la Biblia al principio? ¿Cómo lucía el texto? (Ver Sal 40,8; Jer 36,1-2; Lc 4,16-20.)

Día 2

4. ¿Cuál es la diferencia principal que notas entre una Biblia que los protestantes usan y una que usan los católicos?

5. ¿Cómo es que el entender la razón de estas variaciones puede ayudarnos cuando conversamos con cristianos de diferentes tradiciones de la fe?

6. ¿Por qué es importante tener una traducción moderna de la Biblia para usar en el estudio?

Día 3

7. ¿Qué traducción de la Biblia estás usando? ¿Qué otras traducciones se están usando en tu grupo? (*Nota: Sería bueno que el grupo comparara uno o dos pasajes de las traducciones diferentes que se están usando. Por ejemplo, se pueden comparar las traducciones de Éxodo 3,7-8 y Mateo 8,23-27.*)

8. ¿Cuál es el significado de la palabra "testamento" y por qué se usa para designar las dos partes de la Biblia?

Día 4

9. Examina las primeras páginas de tu Biblia y revisa la tabla de contenido.

   a) ¿Qué grupos de libros encuentras en los escritos del Antiguo Testamento?

   b) ¿Qué grupos de libros encuentras en los escritos del Nuevo Testamento?

10. Ofrece ejemplos de libros del Antiguo Testamento que reciben su nombre de acuerdo a lo siguiente:

    a) Su tema.

    b) Nombres de sus personajes principales.

    c) Nombres del autor que se le asigna.

11. Ofrece ejemplos de libros del Nuevo Testamento que reciben su nombre de acuerdo a lo siguiente:

    a) Nombres de las comunidades a las que se les dirigían.

    b) Nombres de los individuos a quienes se les dirigían.

    c) Nombres del autor que se le asigna.

    d) Su tema.

Día 5

12. Antes de que se usaran las citas bíblicas donde se incluye el capítulo y los versículos, ¿cómo se indicaba que se estaba citando los escritos sagrados? (Ver ejemplos en Mt 1,22; 13,35; Lc 3,4.)

☞ 13. Usa el pasaje de la tentación de Jesús en el desierto para encontrar los lugares en el Antiguo Testamento que Jesús menciona cuando está refutando al diablo. Vas a tener que leer el texto en Lucas y entonces ver las notas a pie de la página o las referencias cruzadas para encontrar las referencias del Antiguo Testamento. (Ver Lc 4,4. 6. 7 y 10.)

Día 6

☞ 14. Consulta la historia de Jesús cuando anda sobre las aguas en Mateo 14,22-33.

    a) Consulta las referencias cruzadas e identifica dónde se encuentra esta historia en los otros evangelios.

    b) ¿Qué otras referencias cruzadas encuentras en tu Biblia?

    c) ¿Tiene tu Biblia notas a pie de la página que ofrecen información adicional para ayudarte a comprender o a apreciar mejor el pasaje?

15. Consulta Éxodo 3,4-6. 13-14. Además de leer el pasaje con su significado obvio, ¿qué puedes aprender acerca del pasaje usando las ayudas de la Biblia (las notas a pie de la página y las referencias cruzadas)?

16. ¿Cuándo reservarás tiempo en tu horario cotidiano para profundizar las Escrituras usando las ayudas que están a tu disposición?

Las Escrituras del Pueblo de Dios
La palabra inspirada de la Iglesia de Dios

INTRODUCCIÓN A LA BIBLIA, PÁGINAS 30–45

Día 1

1. ¿Qué fue lo que más te ayudó de lo que aprendiste en la última sesión?

2. Ya que la Biblia es "la literatura sagrada del pueblo de Dios" (página 31 en el libro), ¿cuán importante es leer y reflexionar las Escrituras en el contexto de la comunidad de creyentes?

3. ¿Cuándo te han ayudado las ideas de las otras personas del grupo de estudio bíblico o la comunidad parroquial a ver más claramente cómo Dios te puede hablar a través de las Escrituras? (Ver Mt 18,20.)

Día 2

4. ¿En qué momento empezó Israel a cambiar de una cultura oral a una cultura de palabra escrita?

5. ¿Cómo fue que la invasión de los ejércitos extranjeros y los períodos de exilio afectaron cómo Israel comprendía sus tradiciones y su imagen como nación?

6. ¿Cómo ilustran todos los ejemplos que siguen que los escritores antiguos del Antiguo Testamento comunicaron su fe y no sólo produjeron una lista de hechos? (Ver Deut 10,12-22; Is 35,1-10; Lam 1,1-4.)

Quiero hacer
el bien y el mal
se aparta.

Día 3

7. Los escritos del Nuevo Testamento se produjeron en un período de tiempo mucho más corto que los del Antiguo Testamento. ¿Cómo podemos justificar esto?

8. ¿Cómo era que la Iglesia primitiva comprendía la relación que tenía con Jesús resucitado? (Ver Mt 28,18-20; Mc 16,15-20; Lc 24,46-49; Jn 14,12-14.)

9. a) ¿Qué hizo Jesús para que sus seguidores tuvieran lo necesario para continuar eficazmente su misión y para ser su cuerpo en el mundo? (Ver Jn 14,26; 17,17-18; Ef 4,11-16.)

    b) En tu vida, ¿cómo es que la Iglesia ha comunicado eficazmente la experiencia de conocer a Jesucristo?

Día 4

10. ¿Por qué es que los cuatro evangelios no fueron los primeros escritos de la Iglesia primitiva?

11. ¿Cuáles son algunas de las razones por las cuales se escribieron las Buenas Nuevas (Ver Jn 20,30-31; Gal 1,6-9; 2 Pe 1,13-15)?

12. Da un resumen breve de lo que significa la tradición oral, escrita, editada y canónica en el desarrollo de la Biblia como la conocemos hoy día. (Ver las páginas 35–38 del libro.)

Día 5

13. ¿Qué significa decir que la Biblia es "inspirada por Dios"?

14. La Iglesia enseña que las personas que escriben la Biblia escriben como verdaderos autores. Esto da a entender que tienen la habilidad de escribir, pero que son imperfectos. ¿Cómo podemos decir también que sus escritos son inspirados por Dios? (Ver las citas de la *Constitución dogmática sobre la divina revelación* en las páginas 39–40 del libro.)

15. ¿Debemos esperar el mismo nivel de precisión histórica o científica de los escritos bíblicos como de los escritos de hoy día? ¿Qué tipo de verdad podemos encontrar en las Escrituras? (Ver Ef 4,17-24; 1 Tim 2,1-7.)

Día 6

16. a) ¿Por qué desanima la Iglesia la interpretación privada de las Escrituras?

    b) ¿Por qué anima la Iglesia la interpretación personal de las Escrituras?

17. ¿Cómo has experimentado un mayor acceso a la Palabra de Dios en tu vida?

La palabra de Dios en lenguaje humano
El desafío de una interpretación fiel

INTRODUCCIÓN A LA BIBLIA, PÁGINAS 46–62

Día I

1. ¿Qué es lo que más quieres recordar de lo que aprendiste en la sesión anterior? ¿Por qué?

2. ¿Cuándo te diste cuenta por primera vez de que la Biblia contiene una variedad de formas literarias?

3. Al darte cuenta de que existe una variedad de formas literarios, ¿cómo afecta esto tu estudio de la Biblia?

Día 2

4. Lee los pasajes siguientes y parea cada uno con la forma literaria correcta.

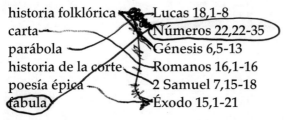

historia folklórica — Lucas 18,1-8
carta — Números 22,22-35
parábola — Génesis 6,5-13
historia de la corte — Romanos 16,1-16
poesía épica — 2 Samuel 7,15-18
fábula — Éxodo 15,1-21

Las preguntas siguientes se les deben aplicar a estos mismos pasajes como en las preguntas 5–10.

a) ¿Qué verdad se expresa en el ejemplo que se da?

b) ¿Cómo es que el reconocer el tipo de literatura te ayuda a comprender el punto del pasaje?

5. Usa las preguntas anteriores con Números 22,22-35.

6. Usa también las preguntas en el número 4 a y b con Génesis 6,5-13.

Día 3

7. Usa también las preguntas en el número 4 a y b con 2 Samuel 7,15-18.

8. Usa también las preguntas en el número 4 a y b con Éxodo 15,1-21.

Día 4

9. Usa también las preguntas en el número 4 a y b con Lucas 18,1-8.

10. Usa también las preguntas en el número 4 a y b con Romanos 16,1-16.

Día 5

11. ¿Qué similitudes y diferencias existen entre un evangelio y una biografía?

12. El mensaje del evangelio se proclama cada semana en la Misa y en las iglesias de todas las denominaciones.

    a) ¿Qué efecto ha tenido la repetición de esta proclamación en tu vida?

    b) ¿Puedes pensar en alguna ocasión cuando un pasaje que has escuchado o leído repetidamente cobró un significado nuevo para ti?

13. ¿Por qué es importante que cualquier significado que tomemos de un pasaje bíblico se relacione y se base en su sentido literal (lo que el autor quiso comunicar)?

Día 6

14. Usando tus notas a pie de la página para ayudarte, describe el sentido literal de Isaías 61,1-2 (su significado original). ¿Cuál es su significado cristológico o su sentido espiritual como Jesús lo usó en el Nuevo Testamento (Lc 4,16-19)?

15. Lee 2 Corintios 3,2-6. ¿Cómo se enriquece el significado de este pasaje cuando examinas otros pasajes en el canon de las Escrituras como Éxodo 31,18 y Jeremías 31,31-33?

16. ¿Cuándo ha cobrado vida el significado de un pasaje de las Escrituras porque se usó en un tiempo específico del año litúrgico como en el Adviento, en la Cuaresma o en la Pascua de Resurrección?

La falacia del fundamentalismo bíblico
El canon de la Biblia

INTRODUCCIÓN A LA BIBLIA, PÁGINAS 63–78

Día 1

1. Repasa tus apuntes de la discusión de la semana pasada. ¿Qué cosas beneficiosas aprendiste al escuchar a las otras personas en el grupo?

2. ¿Qué palabras o imágenes recuerdas cuando escuchas la palabra "fundamentalismo"?

3. ¿Por qué creen los católicos que la Biblia no es la única autoridad para la revelación de Dios?

Día 2

4. Si bien la Biblia se escribió en el idioma de su época, ¿por qué es que su significado no siempre es obvio?

5. ¿Cómo describirías la diferencia entre la inspiración y la precisión infalible en la Biblia?

6. ¿Cómo es que el entender correctamente las profecías bíblicas ayudan a que manejemos esos pasajes bien?

Día 3

7. Piensa en algún momento cuando sentiste que habías comprendido algo acerca de Dios o de su voluntad. ¿Duró esta certidumbre? ¿Fue algo acertado? ¿Qué te dice esto acerca del uso de la Biblia simplemente como un libro de respuestas para todos los desafíos de la vida?

8. ¿Por qué crees que todavía es popular leer las Escrituras de una manera fundamentalista?

9. ¿Alguna vez te ha costado trabajo comprender un pasaje de las Escrituras? ¿Valió la pena ese esfuerzo?

Día 4

10. ¿Por qué usamos la palabra "canon" cuando nos referimos a los libros que se aceptan como parte de la Biblia?

11. Da un resumen de lo que has aprendido acerca del *Tanaj* del libro para este estudio (página 72).

12. ¿A qué se refieren los escritores del Nuevo Testamento cuando hablan de las "escrituras"? (Ver estos ejemplos: Lc 24,27; Jn 5,39; He 1,16; Rom 4,3; 2 Tim 3,16.)

Día 5

13. ¿Qué partes del Antiguo Testamento conoces mejor? ¿Por qué?

14. ¿Qué partes del Nuevo Testamento conoces mejor? ¿Por qué?

15. Lee estos dos pasajes de las cartas de Pablo: Filipenses 2,6-11 y Colosenses 1,15-20.

   a) ¿Qué puedes aprender de las notas al pie de la página que hay en tu Biblia acerca de cómo estas secciones se hubieran usado antes de que Pablo las usara?

   b) ¿Qué te dicen estos pasajes acerca de la Iglesia de los comienzos y de su interpretación de Jesús?

Día 6

16. a) ¿Por qué preservó la Iglesia más de un recuento del evangelio?

   b) ¿Qué significa para ti que puedes leer de más de un evangelio en tu desarrollo como discípulo o discípula?

17. ¿Te sorprendió descubrir que el canon del Nuevo Testamento no se determinó formalmente hasta fines del siglo IV? ¿Qué te dice esto acerca de la Iglesia de los comienzos y de sus inquietudes?

18. Da un resumen de los patrones que los líderes de la Iglesia de los comienzos usaron cuando trataban de determinar el canon del Nuevo Testamento (páginas 77–78 del libro).

La importancia del estudio de la Biblia
Cómo leer y estudiar la Biblia

INTRODUCCIÓN A LA BIBLIA, PÁGINAS 79–94

Día 1

1. ¿Hubo algo en particular que aprendiste en la última sesión que crees te ayudará al seguir estudiando la Biblia?

2. ¿Cuáles son los tres componentes principales de la palabra de Dios?

3. Cuando se separa un texto del autor y de su audiencia original, las generaciones futuras tienen la tarea de interpretar fielmente el texto y de exponerlo a significados más completos. ¿Cómo entendió Israel el suceso del Éxodo y cómo lo interpretaron las generaciones futuras? A menudo esto se ve en el uso de imágenes asociadas con el Éxodo. (Ver Sal 78,40-59; 124,1-8; Os 2,16-17; Mt 2,13-15.)

Día 2

4. Las palabras "exégesis" y "eiségesis" se refieren a maneras de interpretar la Biblia. ¿Qué diferencias existen entre ellas?

5. ¿Por qué anima la Iglesia a las personas que estudian la Biblia a que usen las variedades del método histórico-crítico? Éstos se describen en las páginas 82–84 en tu libro.

6. ¿Cómo se diferencian los métodos de estudio que se describen en las páginas 84–86 en tu libro y las variedades del método histórico-crítico?

Día 3

7. Para comprender mejor lo que los lectores o los oyentes traen al proceso de la interpretación, considera los pasajes siguientes desde un punto de vista en particular:

    a) ¿Qué puedes notar de una manera diferente si fueras una mujer pobre, quizás en un país subdesarrollado, al escuchar la historia de Saray y Agar (Gén 16)?

    b) Cuando lees la versión de Lucas de las bienaventuranzas (Lc 6,20-26), ¿cómo es que la situación financiera del lector puede afectar la manera como se entiende este pasaje?

    c) ¿Cómo podrían los oyentes que tienen una alta autoestima y otros que tienen una autoestima baja apreciar un pasaje como 1 Pedro 2,9-10 de maneras diferentes?

Día 4

8. ¿Cómo has experimentado el valor de estudiar la Biblia en una comunidad de fe y con el uso de la experiencia y el estudio de esa comunidad?

9. Cuando lees Colosenses 3,12-17 y Romanos 12,2, ¿qué ánimo encuentras para continuar tu progreso como discípulo o discípula?

Día 5

10. ¿A qué hora es que es más factible que pases unos cuantos minutos leyendo y estudiando la Biblia? ¿Puedes concebir que esto se convierta en parte de tu rutina diaria?

11. ¿Por qué es la oración tan esencial en el estudio de la Biblia como lo es el uso de las otras ayudas? (Ver Sir 37,15; Mt 18,20.)

12. Escríbele una oración sencilla al Espíritu que podrías usar cuando leas las Escrituras a diario.

Día 6

13. Para el último ejercicio, escoge un pasaje de las Escrituras de uno de los evangelios. Selecciona algo que te gusta y contesta las siguientes preguntas.

    a) ¿Qué dice el pasaje? (Asegúrate de que conoces la historia y los personajes, etc.)

    b) ¿Qué significa el pasaje? (Usa tus notas a pie de la página y tus referencias cruzadas y un comentario si tienes uno disponible. Descubre lo que puede haber sido la intención original del autor.)

    c) ¿Qué significa el pasaje para ti? (¿Cómo se relaciona el pasaje con tus experiencias y necesidades? ¿Cómo es que tus experiencias te ayudan a comprender este pasaje mejor?)

    d) ¿Qué voy a hacer al respecto? (¿De qué manera puede el pasaje hacer que yo actúe o cambie de actitud o haga algo por otra persona, etc.?)

14. Se sabe que San Jerónimo, la primera persona que tradujo la Biblia de los idiomas originales, dijo, "La ignorancia de las Escrituras es ignorancia de Cristo." ¿Cómo es que has encontrado a Cristo en las Escrituras durante estas seis sesiones?

NOTAS

ABREVIATURAS

Gén—Génesis
Ex—Éxodo
Lev—Levítico
Núm—Números
Deut—Deuteronomio
Jos—Josué
Jue—Jueces
Rt—Rut
1 Sam—1 Samuel
2 Sam—2 Samuel
1 Re—1 Reyes
2 Re—2 Reyes
1 Cro—1 Crónicas
2 Cro—2 Crónicas
Esd—Esdras
Ne—Nehemías
Tob—Tobías
Jdt—Judit
Est—Ester
1 Mac—1 Macabeos
2 Mac—2 Macabeos
Jb—Job
Sal—Salmos
Pro—Proverbios
Ec—Eclesiastés
Cant—Cantar de los Cantares
Sab—Sabiduría
Sir—Sirácides (Eclesiástico)
Is—Isaías
Jer—Jeremías
Lam—Lamentaciones
Bar—Baruc
Ez—Ezequiel
Dn—Daniel
Os—Oseas
Jl—Joel
Am—Amós

Abd—Abdías
Jon—Jonás
Mi—Miqueas
Na—Nahúm
Hab—Habacuc
Sof—Sofonías
Ag—Ageo
Za—Zacarías
Mal—Malaquías
Mt—Mateo
Mc—Marcos
Lc—Lucas
Jn—Juan
He—Hechos de los Apóstoles
Rom—Romanos
1 Cor—1 Corintios
2 Cor—2 Corintios
Gál—Gálatas
Ef—Efesios
Fil—Filipenses
Col—Colosenses
Flm—Filemón
1 Tes—1 Tesalonicenses
2 Tes—2 Tesalonicenses
1 Tim—1 Timoteo
2 Tim—2 Timoteo
Ti—Tito
Heb—Hebreos
Stgo—Santiago
1 Pe—1 Pedro
2 Pe—2 Pedro
Jud—Judas
1 Jn—1 Juan
2 Jn—2 Juan
3 Jn—3 Juan
Apoc—Apocalipsis